UNE SOLUTION PROMPTE!

CONGRÈS OU GUERRE

PRÉCÉDÉ D'UNE LETTRE DE RICHARD COBDEN

PARIS
IMPRIMERIE DE BALITOUT, QUESTROY ET Cᵉ
7, rue Baillif, 7

UNE SOLUTION PROMPTE !

CONGRÈS OU GUERRE

PRÉCÉDÉ D'UNE LETTRE DE RICHARD COBDEN

PARIS

E. DENTU, LIBRAIRE-ÉDITEUR

PALAIS-ROYAL, 17 ET 19, GALERIE D'ORLÉANS

1868

L'auteur de cette brochure s'est, de vieille date, préoccupé des questions qu'il y traite. Il s'est toujours inquiété de cet état désastreux *de paix armée* où l'Europe vit depuis si longtemps. Aussi est-il heureux de pouvoir citer, en tête de son travail, l'opinion que l'illustre et regretté M. Richard Cobden lui a naguère exprimée dans une lettre datée d'Alger (février 1861), opinion qui se retrouve dans les *Essais politiques* récemment publiés par la veuve de l'éminent réformateur :

« ..... Le seul vrai danger d'une guerre (écri-
» vait alors M. Cobden), me paraît être dans les
» préparatifs pour la guerre.

» Si nous ne pouvons pas mettre une limite à
» l'augmentation de nos armements, le jour
» viendra où il sera impossible de répondre à
» ceux qui disent: «Mieux vaudrait de beaucoup
» se battre tout de suite, que demeurer dans cet
» état d'incertitude et chargés de dépenses
» aussi énormes. »

» J'ai déjà entendu tenir ce langage par les
» hommes les plus sérieux de notre Parlement.
» L'argument est d'autant plus fort et fondé qu'il
» est généralement admis qu'une guerre ne peut
» pas durer plus de douze mois. Les moyens de
» destruction sont si grands, et les procédés de

» la vapeur mettent si rapidement les parties
» belligérantes aux prises, que l'une ou l'autre
» doit vite l'emporter !

» Je serai très heureux de voir la démonstra-
» tration, à laquelle vous faites allusion, se pro-
» duire par l'intermédiaire des commerçants,
» pour forcer les gouvernements à prendre des
» mesures mutuelles à ce sujet..... »

(Alger, 16 févr.er 1861.)

C'est pour nous une sécurité et un honneur
de pouvoir invoquer, à l'appui de notre humble
opinion, le patronage de ce judicieux esprit et
de ce grand homme de bien.

CONGRÈS OU GUERRE

PRÉCÉDÉ D'UNE LETTRE DE RICHARD COBDEN

La situation politique de l'heure présente est une des plus graves que la France ait traversées depuis l'établissement du second Empire.

Le pays est inquiet; un malaise profond et général trouble les transactions commerciales ; les capitaux chôment, car la confiance manque.

Les débats du Corps législatif et du Sénat proclament aussi hautement cette vérité que la situation hebdomadaire de la Banque de France.

Ainsi, d'un aveu unanime, la crise existe. La difficulté est d'en prévoir l'atténuation ou la fin. Le danger est de n'en pas connaître le remède.

Telle est la préoccupation qui a dicté cette brochure, en dehors de tout esprit de parti.

Les causes immédiates de cè désastreux état

de choses sont, au point de vue moral, l'inquiétude qu'engendre dans les esprits l'incertitude
de la situation politique, et, au point de vue ma-
tériel, les dépenses improductives qu'entraînent,
pour tous les États de l'Europe, les gigantesques
armements qui dévorent les fortunes publiques.

Attirés par les intérêts exorbitants qui les y
attendent, les capitaux se portent de préférence
vers les fonds publics étrangers, au grand dé-
triment de l'industrie, qu'ils désertent et laissent
en souffrance. Pourquoi ce trouble profond dans
l'organisme vital des divers peuples européens ?

Parlons d'abord de la France. A l'intérieur, la
situation n'a rien que de rassurant. Le gouvernement développe les libertés politiques et commerciales ; son autorité est forte ; aucune crainte
de ce côté. C'est de l'extérieur que le danger me-
nace. Des déclarations répétées et solennelles
attestent que le gouvernement veut la paix, et
pourtant il prépare la guerre. Est-ce donc uniquement pour se conformer au précepte de
prudence formulé par le vieil adage latin ?
N'a-t-il pas, pour prendre de si décisives et si

onéreuses résolutions, une raison urgente et présente?

Oui, sans doute.

Deux graves questions de politique étrangère préoccupent l'esprit public: l'avenir de la Prusse et la question d'Orient. Voilà, pour nous servir d'une expression célèbre et désormais historique : « *Voilà les points noirs qui menacent à l'horizon.* » La seconde de ces questions a, depuis quelque temps, reculé dans un avenir plus ou moins lointain, ou plutôt, par suite d'événements considérables qui ont bouleversé l'ordre européen, l'issue en est liée désormais à la solution de la première, devenue la plus imminente, celle à laquelle il faut pourvoir à tout prix, dans le plus bref délai.

Occupons-nous donc uniquement de la situation respective de la Prusse et de la France. Là est le nœud de cette première question.

Il y a deux ans à peine on pouvait, avec toute vraisemblance, espérer ne pas voir la guerre renaître entre Français et Allemands. Ici, comme là, le sentiment national s'était fortement pro-

noncé contre toute espèce d'agrandissement aux
dépens du voisin ; nous ne songions nullement
à atteindre nos frontières naturelles au prix des
droits violés d'une nationalité étrangère, et, de
l'autre côté du Rhin, nul n'avait la prétention de
détacher de la France, contre le gré de leurs ha-
bitants, les deux provinces d'origine germanique,
l'Alsace et la Lorraine. Quant au travail de son
unité intérieure, l'Allemagne le poursuivait en
paix, d'un commun accord entre ses souverains
et ses peuples, et la France, reconnaissant la lé-
gitimité de ces efforts, n'en prenait aucun om-
brage pour sa sûreté, ni pour son influence politique. L'esprit conservateur et défensif, caractère essentiel de la Confédération germanique,
répondait à toutes les craintes, et prévenait tout
sentiment de jalousie ou d'hostilité. D'ailleurs,
aucune malveillance nationale en France contre
les Allemands, aucune tradition séculaire de
guerre ou de rivalité propre à éveiller les haines
dans les classes populaires, ainsi que cela a eu
lieu avec l'Angleterre, par exemple. Comment
se fait-il donc qu'une collision entre les deux

peuples soit une éventualité probable, et qui peut éclater d'une heure à l'autre?

La France n'armait pas, il y a deux ans. Pourquoi est-elle forcée de le faire maintenant ?

C'est que de grands et brusques événements ont changé la position respective de la France et de l'Allemagne. En un mois, par la rapide victoire de la Prusse, les rôles des États allemands entre eux ont été intervertis ; en vertu des conditions imposées par le vainqueur, l'Allemagne s'est reconstituée sur des bases entièrement nouvelles, et la France n'a plus à compter avec un groupe d'États séparés, qui n'étaient liés entre eux que par un pacte défensif. Elle a désormais affaire à une monarchie homogène et compacte d'une force numérique presque égale à la sienne, et dans l'orbite de laquelle gravissent des États encore importants, fortement unis à elle sous le nom de Confédération du Nord.

C'est là un danger redoutable et tout nouveau. A cette coalition, déjà formidable par elle-même, il faut ajouter les forces d'une puissante voisine ; car on peut dire avec toute vérité en un sens, que les victoires prussiennes ont moins profité à l'Allemagne qu'à la Russie. Entre les deux grands États du Nord, l'alliance est désormais étroite et cimentée par les plus grands intérêts : un trait de la plume du czar vient d'abolir le dernier vestige de nationalité distincte qui restât à la Pologne, barrière naturelle entre l'Allemagne et la Russie, et, dans le même temps, un prince prussien se fait l'agent de la Russie sur les bords du Danube. Par la force des choses, tous les efforts de la Russie pour étendre sa domination vers l'Est doivent être favorisés par la Prusse, si celle-ci ne veut pas s'exposer à voir son précieux allié se transformer en terrible ennemi. Pour indiquer d'un mot la profondeur des lignes de bataille que ces deux puissances conjurées présentent à la frontière française, on peut dire que les réserves prussiennes sont sur la Néva et que l'avant-garde russe est sur le Rhin.

Quant au caractère menaçant, pour la France, d'une telle coalition, quoi de plus incontestable ? Au lieu de se mettre par des réformes intérieures au niveau des autres États civilisés, la Russie ne rêve qu'agrandissement de territoire, et la Prusse est un État essentiellement militaire, tant par son organisation que par ses prétentions avouées à la suprématie sur l'Allemagne.

L'Allemagne du Sud reconnaît hautement que, à aucune époque, elle n'a été plus privée du droit de diriger ses destinées; elle se voit exposée à toutes les chances d'une lutte qui ne saurait avoir pour elle aucun avantage réel, quelle qu'en soit d'ailleurs l'issue. Son sort est entre les mains des cabinets des grandes puissances.

Au lieu d'améliorer son organisation politique par le développement de ses libertés, le peuple allemand est forcé, contre la volonté générale, de se plier à une organisation militaire qui dévore ses ressources. Ces efforts démesurés ne peuvent aboutir, dans les cas les plus heureux, qu'à l'agrandissement de la Prusse et à la fondation d'une monarchie militaire qui, par sa nature même, doit priver la nation de toute influence prépondérante sur le gouvernement de ses intérêts les plus précieux.

Disons pourtant que tout espoir d'une salutaire résistance au courant fatal des événements n'est pas encore perdu. L'Allemagne a manifesté, dans une circonstance récente et solennelle, sa résolution de s'arrêter sur une pente qui la mènerait à sa ruine. Les élections au parlement douanier n'avaient arboré aucun principe d'économie politique. Prussiens ou anti-Prussiens, tel était l'unique mot d'ordre adopté d'un commun accord dans les deux camps. La tentative faite par les Prussiens et leur parti de transformer le parlement douanier en parlement politique a momentanément échoué. Elle n'a été repoussée que par une faible majorité, et même indirectement; un moment plus favorable viendra. Mais enfin, dès maintenant, les députés du Sud, soutenus par les députés des États conquis et les libéraux purs qu'anime l'horreur de la violence, se sont vaillamment opposés à l'absorption de l'Allemagne par la Prusse. Ainsi se trouvent condamnés à l'isolement les Prussiens purs et les prussophiles du Sud, révolutionnaires animés de l'esprit du parti rouge de 1848.

Ces derniers oublient que c'est grâce à la généreuse hospitalité de la France qu'ils ont pu échapper aux arrêts des Conseils de guerre, en 1848. Toujours les mêmes, ils veulent substituer la décision de la force à la volonté libre de la nation.

Il importe de signaler leur tactique. Pour rallier à eux les petits États de l'Allemagne, les partisans *quand même* de la suprématie prussienne ont essayé de faire croire au public que le second empire français, allant sur les errements du premier, prétendait mutiler, à son profit, la patrie allemande. Un des chefs du parti a dit formellement que la ligne du Mein était une *fiction* toute française. C'est là, on en conviendra, méconnaître étrangement la disposition actuelle de l'esprit public en France et les véritables intentions du gouvernement impérial.

Que les prussophiles exagérés prennent garde de mettre l'œuvre accomplie par leur parti en danger. Qu'ils se souviennent que c'est la France qui a propagé en Allemagne les plus précieuses conquêtes de l'esprit moderne : la liberté de conscience et l'égalité civile. Qu'ils craignent de s'attaquer à la France, qui a le droit et le devoir de maintenir son influence. Malheur à l'Europe, si l'action civilisatrice de la France venait à diminuer! Désastreuse pour l'Allemagne, si elle doit dépasser les résultats obtenus par Sadowa, l'action de la Prusse n'est pas moins périlleuse pour l'Europe et, en particulier, pour la France.

La situation présente tient les intérêts industriels sur le qui-vive, dans un temps où la multiplicité croissante des relations internationales fait de la paix générale un besoin absolu. De plus, elle contraint l'Europe à rester l'arme au bras et impose à tous les peuples les plus lourds sacrifices financiers pour maintenir cette attitude extraordinaire et vraiment monstrueuse.

N'est-il pas, en effet, inoui de voir, que, par crainte d'un mal, que tout semble vouloir conjurer, on accepte un mal présent plus grave encore?

Il serait peu téméraire d'affirmer que les dépenses exigées par l'état de guerre, qui, sous le premier Empire, était l'état normal de l'Europe, n'ont pas excédé celles qu'exigent les armements que l'on prétend actuellement nécessaires pour maintenir la paix.

Ainsi, non-seulement cette angoisse générale, cette inquiétude constante de l'avenir paralysent le développement de la richesse publique, mais encore elles absorbent toutes les ressources actives du présent. L'Europe n'est plus un atelier de production, mais de destruction; il y a entre toutes les puissances une fatale et nécessaire émulation de dépenses pour un seul objet. L'utopie tant raillée de la paix perpétuelle a trouvé son équivalent dans une autre utopie, non moins folle que funeste, mais dont la prolongation de l'état de choses actuelles ferait une réalité : l'armement perpétuel.

A cette situation, une solution toute simple et parfaitement logique se présente : le désarmement général. Malheureusement, il n'est permis de l'obtenir qu'à des conditions très-complexes, mais non impossibles. C'est à la puissance dont l'attitude a forcé toute l'Europe à l'imiter, c'est à la Prusse de donner l'exemple, de prendre l'initiative de cette mesure de salut. Mais la Prusse elle-même ne peut le faire sans modifier profondément son organisation, qui a encore un caractère essentiellement militaire.

Or, elle ne peut y être amenée ou contrainte que par des raisons qu'elle ne fera pas naître, et qu'il faudra lui imposer.

On a vivement reproché à la France de n'être pas intervenue, par les armes, entre les belligérants, au lendemain de Sadowa. Le reproche n'est pas fondé. Des raisons, d'une nature très-élevée, commandaient à la France de s'abstenir et d'attendre; d'une part, elle n'avait pas de motif personnel d'intervenir d'autorité dans les affaires intérieures de l'Allemagne; de l'autre, elle ne cherchait aucune occasion de guerre. Loin de là, elle voulait la paix.

Ce qu'elle a pu faire, elle l'a fait. Elle a interposé ses bons offices en faveur du vaincu, et lui a obtenu des conditions qui empêchaient le vainqueur d'abuser de son rapide et inespéré succès.

Si le traité de Prague avait été intégralement observé, il sauvegarderait les intérêts de l'Allemagne, et par suite, de la France, dont la cause est ici la même. Grâce à l'intervention diplomatique de la France, l'Autriche restait intacte, la Saxe subsistait, le Danemark était rassuré, les frontières de la Confédération du Nord limitées à la ligne du Mein, enfin l'indépendance des États du Sud, garantie. Le gouvernement français peut très-légitimement croire qu'il avait pourvu au plus pressé, et sauvé, autant qu'il était en lui, la situation.

Ce ne fut que six mois plus tard que se révélèrent les traités secrets signés entre la Prusse et les États du Sud, et dont les clauses infirmaient, sur certains points importants, les stipulations du traité de Prague.

Ce n'est pas que tout soit inutile et caduc dans l'œuvre diplomatique de la France. Elle a, par le fait, atteint son but principal qui était de forcer la Prusse à s'arrêter. Ce que cette puissance n'a pas emporté dans son élan guerrier peut lui être maintenant disputé par la voie des négociations avec de grandes chances de succès.

L'Allemagne du Sud peut résister encore aux prétentions de la Prusse.

Il y a en Allemagne un incontestable mouvement de l'opinion en faveur de l'unité; seulement, c'est là un mot vague qu'il faut préciser. Les Allemands veulent une Allemagne unie, sans doute, mais par une confédération non par une commune soumission à la Prusse. Consultez les diverses populations du Sud ou du Nord, la Bavière comme le Wurtemberg, l'Autriche comme la Saxe, leur réponse n'est pas douteuse.

L'Allemagne peut s'organiser à l'intérieur comme elle l'entend, mais à une condition, c'est qu'elle ne portera pas atteinte à la constitution de l'Europe. Il y a loin de toutes les réformes intérieures à une révolution dont les conséquences se feraient sentir au dehors et qui aurait pour résultat final d'effacer de la carte de l'Europe des États souverains. C'est là un droit que la Prusse ne saurait s'arroger qu'avec le consentement des autres grandes puissances.

Or, il est évident pour qui sait voir, que la Prusse désire s'assurer ce qu'elle n'espère et ne saurait espérer ni de la libre volonté du peuple allemand, ni de la condescendance de l'Europe, et en particulier de la France qui, à raison du voisinage, est plus intéressée dans la question que personne.

Ainsi, pour prendre un exemple tout récent, les prussophiles essaient d'arriver à leurs fins par une question, en apparence secondaire, qui peut devenir d'une importance capitale pour l'accomplissement de leur but actuel : annuler l'autonomie des autres États allemands.

Le Zollverein a été la première base de l'influence de la Prusse en Allemagne; le parlement douanier est un instrument puissant dont on saura se servir. Tout prouve que la constante et inflexible résolution de la Prusse est de ne pas s'arrêter un seul jour dans sa politique de suprématie. Que l'on compare les procédés réciproques de la France et de la Prusse, et l'on verra de quel côté est la modération! Dans la question du Luxembourg, le droit de la France était incontestable; rien ne lui interdisait d'acquérir ce petit duché par une cession volontaire de la part de la Hollande. Pourtant, la France consentit à transiger; elle tint compte moins des réclamations de la Prusse que des susceptibilités de l'Allemagne et du désir universel de maintenir la paix, que l'opinion de l'Europe manifestait hautement.

Que fait la Prusse, au contraire? elle occupe militairement toute la frontière du Rhin; elle commande militairement à Rastadt, comme à Mayence; en un mot, elle affecte envers la France une attitude peu amicale, qui, aujourd'hui, n'est encore que menaçante, qui peut, demain, devenir aggressive. C'est, nous le répétons un danger public pour la paix de l'Europe, danger imminent, incontestable, auquel il faut pourvoir au plus vite; car il nécessite l'armement perpétuel de l'Europe et crée une condition intolérable pour l'industrie et les finances de tous les États. Il y a là un cercle vicieux dont il faut sortir à tout prix.

Une solution prompte, voilà le cri universel, le cri de la situation ! Il n'y a rien à espérer du temps ni de la patience; car ils ne sauraient rien changer aux faits accomplis ni aux ambitions en éveil. Ce n'est pas là une crise transitoire, tenant à des causes éphémères, c'est un état de choses permanent qui a de profondes racines et qui appelle d'actifs remèdes. Pour le modifier, ce n'est pas trop du concours des lumières et de la sagesse de tous.

Deux sortes de solutions sont possibles : une explosion qui mette fin à cette paix armée plus désastreuse que la guerre déclarée, ou un congrès qui fonde une paix durable sur des bases solides, en permettant à toute l'Europe de renoncer au système ruineux de son organisation militaire.

La première de ces solutions, la guerre, entraînerait d'immenses désastres et achèterait au prix du sang le plus généreux la délivrance de grandes nations ruinées : résultat nécessairement précaire et temporaire, car il peut être remis incessamment en question par une nouvelle agression du vaincu, toujours impatient d'une revanche. Si l'on veut savoir ce que durent et valent les transactions imposées par la force, que l'on voie ce que sont devenus les traités de 1815, dont chaque article a été successivement raturé, selon les besoins ou l'ambition de chacune des parties contractantes. Ce devait être le pacte fondamental d'un nouvel ordre de choses auquel les diplomates promettaient, sans rire, l'éternité. Un demi-siècle s'est à peine écoulé et il n'en reste plus rien! Pas un feuillet qui n'ait été arraché! pas une clause qui n'ait été violée!

La guerre, d'ailleurs, sème dans le sang des haines fécondes, qui grandissent au fond des cœurs jusqu'au jour, tôt ou tard inévitable, où elles éclatent; et quelque beaux qu'aient été les résultats matériels obtenus par les vainqueurs, c'est là un résultat moral si désastreux qu'il compense et annule même l'autre. Et puis, pourquoi la guerre, puisqu'il ne s'agit pas ici des conquêtes qui en sont toujours le principal but ou le résultat final? Vouloir rectifier sa frontière du Rhin en complétant la possession de la rive gauche, c'est, pour la France, un rêve tout aussi chimérique que le serait, pour l'Allemagne, la prétention de reprendre à la France les provinces d'origine germanique, l'Alsace et la Lorraine. Donc, point de guerre, à moins de nécessité absolue.

Reste la seconde solution, la solution pacifique d'un congrès. Tout nous paraît se réunir pour le conseiller énergiquement.

L'idée n'est pas nouvelle, et elle émane de la France; on se rappelle qu'en 1865, lors de l'ouverture de la session du Corps législatif, l'Empereur l'a le premier émise dans un discours qui eut, en Europe, le plus profond retentissement.

Il s'agissait alors de circonstances politiques graves, quoique moins menaçantes assurément pour la paix de l'Europe, que les conjonctures actuelles.

Cette idée n'eut point de suite; ce n'est pas qu'elle fût, comme on l'a prétendu, prématurée ou impraticable, c'est que l'urgence en était beaucoup moindre qu'elle ne l'est aujourd'hui, et la cause qui l'avait fait naître, moins capitale pour le repos général.

Mais, si l'on discuta les obstacles et les chances de succès que rencontrait une théorie aussi élevée que salutaire, personne n'osa dire que cette discussion n'était pas préférable aux éventualités et aux calamités de la guerre. Depuis 1865, l'idée d'un congrès a gagné beaucoup de terrain; car, de nos jours, mûries par la raison et la conscience de tous, les idées fructifient vite. Le moment serait donc très-propice pour la mettre de nouveau en avant. Elle nous paraît, à tous égards, de nature à être favorablement accueillie dans les conseils de l'Empire. Le grand avantage d'un congrès, la supériorité de cette solution sur l'autre, c'est qu'elle substitue le règne de la raison à celui de la force. Ce serait un progrès moral considérable dans le droit public européen. Il est inutile d'insister sur un point aussi évident. Un motif d'un tel ordre est fait pour rallier à cette cause tout ce qu'il y a en Europe d'esprits droits et sérieux. Sans doute, la proposition d'un congrès peut ne pas être acceptée par toutes les puissances, mais il semble possible et même facile d'y faire consentir la plupart d'entre elles.

Le danger étant dans les aspirations de deux grands États, la Russie et la Prusse, comment les petits États, qui sont plus directement menacés, comment aussi les grandes puissances, qui ont de précieux intérêts à défendre, ne tomberaient-elles pas d'accord sur la nécessité de s'entendre ?

Remarquons bien d'ailleurs que le congrès n'a, en lui-même, aucun caractère agressif contre aucune des puissances. Le congrès n'est ni une mise en accusation, ni même une mise en suspicion dirigée contre telle ou telle puissance. C'est une simple invitation à s'expliquer sur des questions graves, compromettantes pour la paix et le repos de l'Europe.

Le but est d'arriver non à des mesures de rigueur contre tel ou tel État, mais uniquement à une entente commune.

Si la proposition d'un congrès était faite

officiellement aux diverses puissances de l'Europe, il arriverait, de deux choses, l'une :

Ou les deux puissances dont les ambitions avérées en sont la cause déterminante accepteraient la proposition, ou elles la refuseraient.

L'accepter, ce serait se mettre dans la nécessité de discuter publiquement ses prétentions devant l'opinion et devant l'Europe, au point de vue de l'intérêt public et des principes universels de la justice. Refuser, au contraire, ce serait implicitement avouer que ces prétentions ne peuvent soutenir le grand jour de discussion.

Dans les deux hypothèses, la réunion d'un congrès aurait des conséquences morales de la plus haute importance. Un échec même serait encore une victoire pour l'opinion, puisqu'il aurait pour résultat de proclamer sa suprématie dans des questions qui, jusqu'ici, ne relèvent que de la force.

En s'attribuant l'initiative de la proposition d'un congrès, le gouvernement de l'Empereur prendrait, aux yeux de l'Europe, l'attitude la plus noble et la plus élevée.

Aucune raison d'amour-propre ne saurait l'empêcher de revenir sur une proposition qui n'a pas abouti une première fois. Prendre en main, sans se lasser, la cause de la sagesse et de la justice, ce n'est jamais rien diminuer de sa dignité, c'est, au contraire, l'accroître et la fortifier.

Au point de vue pratique, d'ailleurs, il serait toujours possible d'arriver à un résultat positif, même en l'absence des parties intéressées, le congrès des puissances qui y adhéreraient peut s'assembler, délibérer sur les questions qui lui seraient soumises, prendre des résolutions que les autres parties contractantes s'engageraient à faire respecter au besoin. Cette coalition, qui a pour objet le maintien du droit public, ne vaudrait-elle pas mieux, à tous égards, que des alliances qui s'achètent toujours par des sacrifices de principes ? Ces déclarations solennelles n'auraient-elles pas l'autorité d'un arrêt moral auquel les plus récalcitrants seraient, dans un temps donné, obligés de se soumettre ?

Nous n'avons pas craint d'insister sur cette

hypothèse d'un congrès, solution qui nous semble de beaucoup la meilleure, mais, si elle devait être écartée, nous nous résignerions à l'autre solution, plutôt qu'à la prolongation du *statu quo* actuel.

Ce qui importe par dessus toute chose, ce qu'il faut obtenir à tout prix, c'est de sortir d'une situation vraiment intolérable et vraiment inouïe, qui n'est ni la paix ni la guerre, mais qui réunit tous les dangers sans offrir aucun avantage. Dans quelque voie que s'engage la France, le but final, celui qu'elle doit avoir sans cesse devant les yeux et poursuivre à travers tous les obstacles, c'est le désarmement général, mesure de salut impérieusement réclamée par les intérêts les plus sacrés de la civilisation.

Tel est l'objet de cette modeste brochure.

Paris, imp. BALITOUT, QUESTROY et C°, rue Baillif, 7.